प्रियतम तुम ना आए
(काव्य संग्रह)

डॉ० अम्बरीश कुमार श्रीवास्तव

Copyright © Dr. Ambrish Kumar Srivastava
All Rights Reserved.

ISBN 978-1-63920-729-9

This book has been published with all efforts taken to make the material error-free after the consent of the author. However, the author and the publisher do not assume and hereby disclaim any liability to any party for any loss, damage, or disruption caused by errors or omissions, whether such errors or omissions result from negligence, accident, or any other cause.

While every effort has been made to avoid any mistake or omission, this publication is being sold on the condition and understanding that neither the author nor the publishers or printers would be liable in any manner to any person by reason of any mistake or omission in this publication or for any action taken or omitted to be taken or advice rendered or accepted on the basis of this work. For any defect in printing or binding the publishers will be liable only to replace the defective copy by another copy of this work then available.

क्रम-सूची

भूमिका	v
1. प्रियतम तुम ना आए	1
2. मन जिससे मिलने को तत्पर	2
3. जो मैं दर्पण होता	3
4. प्रेम की पाती	4
5. प्रियतम की गली	5
6. अभिलाषा मेरे मन की	6
7. मिलन की घड़ी	7
8. ज़रा आहिस्ता बोलो	8
9. दो चाँद	9
10. क्यूँ होते दीवाने	11
11. बेपनाह प्यार	12
12. तुम एक ख्वाब हो	13
13. यादों में	14
14. फूलों सी सूरत	17
15. अरमानों का खून	19
16. इक कविता तुझपर	21
17. मेरे पास आ जाना	22
18. तेरी यादें	24
19. अम्बर-वसुंधरा मिलन	25
20. नज़रों से मय	26
21. डर जाता हूँ	27

क्रम-सूची

22. मेरा हाले दिल	28
23. बरसात थम जा	29
24. जिंदगी-मौत	30
25. पवन तेरे बालों	32
26. ऋतु वर्षा	33
27. किसके लिए	34
28. प्रेमुक्तक	35
29. ज़ख्म को हवा	36
30. आखिरी लफ्ज़	37
31. कतरा-कतरा मुझे	38
32. आ जा	39
33. तन्हा होता हूँ	41
34. आखिरी दिन	42
35. कोई ग़म नहीं	43
36. दो कविताएँ	44
37. तेरी ही बात आई	45
38. गुमसुम हवा	46

भूमिका

'प्रियतम तुम ना आए' एक कविता-संग्रह है, जिसमें प्रियतम/प्रेयसी की कल्पना, उसका सौन्दर्य-बोध एवं वर्णन है। इन कविताओं में एक ओर मिलन की ख़ुशी एवं आतुरता है और दूसरी ओर बिछड़ने का दुःख एवं दर्द भी है। प्रेम एक जीवंत विषय है जिसको प्रकट करने के लिए प्रकृति का मानवीकरण भी कुछ कविताओं में किया गया है। प्रेम के समस्त पहलुओं को उजागर करता यह संग्रह अपने आप में अद्वितीय है, ऐसा मेरा विश्वास है।

ये कविताएँ मैंने अपने छात्र-जीवन में लखनऊ प्रवास के दौरान लिखी थी। विज्ञान के क्षेत्र में काफी सक्रिय होने के कारण इनको संकलित करने का समय नहीं मिल पाया। इस कोरोना-काल के दौरान मुझे इनको संकलित एवं सम्पादित करने का समय मिल गया। तो लीजिए, आपके सामने प्रस्तुत है 'प्रियतम तुम ना आए'। मुझे आशा ही नहीं पूर्ण विश्वास है कि 'इन्द्रधनुष', 'अक्स' और 'आँधियों का शहर' की तरह यह संग्रह भी आपको पसंद आएगा। आप आनंद ले और मुझे भी अवगत कराएं। हमेशा की तरह आपके किसी भी तरह के सुझाव की प्रतीक्षा रहेगी।

शुभेच्छु,

डॉ० अम्बरीश कुमार श्रीवास्तव
सहायक आचार्य
दीनदयाल उपाध्याय गोरखपुर विश्वविद्यालय, गोरखपुर
उत्तर प्रदेश, भारत
संपर्क सूत्र: 9415620016
ई-मेल: aks.ddugu@gmail.com

1. प्रियतम तुम ना आए

बादल गरजें
पक्षी चहकें
सावन बीता जाए
प्रियतम तुम ना आए..

रतियाँ तुम्हरे बिन हैं अधूरी
अँखियाँ बात न माने
मैं क्या बताऊँ मेरी व्यथा
यह पागल मन ही जाने

तुम्ही बताओ कोई भला
मन को कैसे समझाए..

आस जो टूट गयी मन की
जो तुम न आओगे
सच कहता हूँ मुझको फिर
तुम जीवित न आओगे

अब तो आ ही जाओ
अंतिम साँस बुलाये..

2. मन जिससे मिलने को तत्पर

इक सुन्दर सा मुखड़ा है वो
चाँद का इक टुकड़ा है वो
दिल मगन है जिसकी सूरत पर..

मन जिससे मिलने को तत्पर
दिल की गलियों में आती है
तब धड़कन थम सी जाती है
हो सवार ख्वाबों के रथ पर..

पास है उसका कहीं बसेरा
यह सच है या फिर भ्रम मेरा
वो बाल सुखाती है छत पर..

कभी तो मेरा भाग्य खुलेगा
उसको सबकुछ पता चलेगा
वो आएगी मेरे पथ पर..

3. जो मैं दर्पण होता

अपने केश संवारती
तू भी मुझे निहारती
जो मैं दर्पण होता..

कभी पास से कभी दूर से
देखा करती मुझे घूर के
तुमको मुझसे कितना
अपनापन होता..

दुनियाँ चाहे जितना जलती
तू मुझको संग ले चलती
मुझे देखने को व्याकुल
तेरा मन होता..

सुबह-सुबह अंगड़ाई लेती
पहली झलक तू मुझको देती
चाँद-सितारों सा अटूट
यह बंधन होता..

4. प्रेम की पाती

कहीं इक प्रेम की पाती
जो मुझको भी लिखनी आती
तुम्हें मैं लिखकर दे देता
तुम मेरी होकर रह जाती..

तुम्हें मैं नित सुबह छत पर
छुप कर देखा करता हूँ
जो अभिलाषा मेरे मन की
उसे कहने से डरता हूँ

मन की बात बारम्बार
आकर होठों पर रुक जाती..

सावन के फुहारों सी
वर्षों से बरसती हैं
निकट से देखने को ही
मेरी आँखें तरसती हैं

तुम्हें यह सब पता होता
तो तुम मुझको न तड़पाती..

5. प्रियतम की गली

सारे जग को छोड़ कर
सारे बंधन तोड़कर
चली मैं चली
प्रियतम की गली..

आज मिलन की बेला आई
यह आँधी तूफ़ान है क्या
बिजलियाँ चमके बादल गरजे
गिरे यह आसमान तो क्या

अँधेरा भी छाने लगा है
संध्या भी ढली..

तकते होंगे मेरी राहे
व्याकुल होंगे मेरे पिया
उनका मन न लगता होगा
जैसे न माने मेरा जिया

भँवरे की प्रेम-व्यथा को
जानती है कली..

6. अभिलाषा मेरे मन की

तू अभिलाषा मेरे मन की
या फिर ज्योति है जीवन की..

वसुधा पर स्वर्ग उतर आया
यह कैसी है अद्भुत माया
तुझमें दिव्य-प्रकाश भरा
है तू बाला सूर्य-किरण की..

बिन देखे तुझको कौन रहे
जो देखे फिर वो क्या कहे
सुगन्ध समेटे आँचल को
लहराए तू ओर गगन की..

यह जग क्या तेरे सम्मुख
तुझसे हार गया हर सुख
सिर्फ निहारने को तुझको
व्याकुलता देखो दर्पण की..

7. मिलन की घड़ी

आ गयी मिलन की घड़ी..
मन की व्याकुलता बढ़ी

आ जा अब पास मेरे
ऐसे क्यों दूर खड़ी..

पक्षी भी गाने लगे
पेड़ लहराने लगे
पुष्प भी खिलने लगे
मेघ भी छाने लगे

लगी सावन की झड़ी
ऐसे क्यों दूर खड़ी
आ गयी मिलन की घड़ी

8. ज़रा आहिस्ता बोलो

ज़रा आहिस्ता बोलो..
कोई भी जान न पाए
हमें पहचान न पाए
राज़ आँखों से खोलो..

चाँद-तारे भी होंगे
सब नज़ारे भी होंगे
आँखों में ही छुपकर
खूब इशारे भी होंगे
फिर तो खुशियाँ बरसेंगी
कल से आँखें तरसेंगी
आज थोड़ा सा रो लो..

हसीं यह रात होगी
तू मेरे साथ होगी
मिलेंगी अपनी साँसें
दिलो की बात होगी
हो गए पूरे सपने
बने बेगाने अपने
अब तो यह घूँघट खोलो..

9. दो चाँद

जब आसमाँ का चाँद छत पे आता है
मेरा चाँद मुझसे हो दूर जाता है
उसको समझाता या फिर इसको मनाता..

कल रात जब वो आसमां में समाया था
मेरा चाँद मेरी बाहों मे आया था
रोशन कर मुझे अपने चेहरे के नूर से
जहाँ से मुझे जुल्फों तले छुपाया था

क्या बताऊँ उसपे कितना प्यार आता है
मेरा रोम रोम उसमे डूब जाता है
काश ये पल यूँ ही ठहर जाता..

फिर जब आसमां से चाँद निकल आया
मेरा चाँद उसको देखकर शरमाया
करवट बदल ली उसने जब मुझे छोड़कर
वो महबूब किसी और का है, मैंने समझाया

बोला, तो फिर वो क्यूँ तुम्हारे पास आता है
मैंने कहा, यूँ तो वो सबके पास जाता है
मैं भला कैसे उसको रोक पाता..

आसमां से की गुज़ारिश उसको छुपाने की
उससे भी की सिफ़ारिश कुछ दूर जाने की
माना नहीं वो अपनी ज़िद पर अड़ा रहा
लाख कोशिशें की उसको समझाने की

कहा, क्यूँ तू ना जहाँ के पास जाता है
बोला, तू भी तो उस जहाँ में आता है
अब मैं उसको आख़िर क्या बताता..

10. क्यूँ होते दीवाने

न तुम जानो न हम जानो
लोग क्यूँ होते दीवाने..

भला क्या खाने के खातिर
या मिट जाने के खातिर
आखिर जलते हैं परवाने..

क्या नज़रों से पीते हैं
या लोग यूँ ही जीते हैं
जो सूने हैं मयखाने..

पतझड़ों का है ज़माना
या गुलों ने बदला ठिकाना
बाग़ लागतें हैं वीराने..

कोई न कोई राज़ है
जुदा-जुदा यह अंदाज़ है
हम ये कैसे न माने..

11. बेपनाह प्यार

न कभी इकरार न कभी इनकार
किस तरह करूँ मैं उसपर ऐतबार

वो अपनी ख्वाहिशों का खुद करे इज़हार
फिर मेरी देखे मेरी चाहत, बेपनाह प्यार

वो कभी भी गर मुझसे कह दे एक बार
क्या चीज उसके आगे मेरा घर-बार

जिसके खातिर मैं छोड़ सकता हूँ संसार
फिर मेरी देखे मेरी चाहत, बेपनाह प्यार

चेहरे पर उसके देख मुझे आए जो निखार
शरमा जाए जब भी हो मुझसे आँखें चार

यकीन हो कि मोहब्बत उसे भी है यार
फिर मेरी देखे मेरी चाहत, बेपनाह प्यार

12. तुम एक ख्वाब हो

ये नज़रे, ये काजल, और उफ्फ यह अदा
किसी का क़त्ल करने का इरादा है क्या

क्या सोचे, क्या समझे और क्या करे
तेरी इक झलक पर ही लोग मर मिटे

तूने जिसकी तरफ इक नज़र उठाई हो
जैसे उसकी तकदीर रूप लेकर आई हो

तेरा बदन किसी क़यामत से कम नहीं
मौत भी तेरे रूप में आए तो ग़म नहीं

तेरी इक छुअन से आग भी दहक उठे
इंसान की औकात क्या जो न बहक उठे

इस धरती पर खुदा की जागीर हो तुम
खुदा ही जाने किसकी तकदीर हो तुम

हकीक़त भी होकर तुम एक ख्वाब हो
तारीफ़ की लफ़्ज़ों में तुम बेहिसाब हो

13. यादों में

जब भी मैं कोशिश करता,
वो यादों में मेरे आ जाती
बिजली की तरह चौंका देती,
बादल की तरह वो छा जाती

शरमाकर चलने लगती वो
वो हल्का सा मुस्कुरा जाती
हवा में खुशबू छोड़कर वो
अपनी जुल्फें लहरा जाती

वह बीता सुनहरा पल फिर
एक झलक में आ जाता
चेहरे पर उदासी आँखों में
दुःख का बादल छा जाता

इंतज़ार दिन भर का
वह बेचैनी रातों की
कभी याद आ जाती
उन प्यारी बातों की

करता जब उसकी तारीफें
वो सुनते ही शरमा जाती

डॉ० अम्बरीश कुमार श्रीवास्तव

बातें करने को कहता जब
वो सहमी सी घबरा जाती

बहुत चाहती थी मुझको
लेकिन कहने से डरती थी
कहना था उसको फिर भी
बातें करने से डरती थी

चार महीने बीत गए तो
ऐसी भी इक रात आई
मुझसे दूर चली गयी वो
तो आँसू की बरसात आई

उसकी गलती इतनी ही थी
वो मुझको गलत समझती थी
उसके दिल में न जाने क्यूँ
नफरत की आग सुलगती थी

फिर भी उसको न भुला सका
न जाने कैसा नाता था
न जाने सारी बातों में
उसका ही नाम क्यूँ आता था

मैं उसको भूलना चाहता था
पर यह दिल था तैयार नहीं
यह कहना भी ठीक न था
वो करती मुझसे प्यार नहीं

प्रियतम तुम ना आए

वो मुझे चाहती है अब भी
क्यूँ लोग मुझे यह कहते हैं
वो तो हँसती है दिन भर
गमे जुदाई हम सहते हैं

मानूं कैसे इस बात को मैं
अब भी प्रेम वो करती है
वो भी उन दिनों की यादों में
तन्हा ही आहें भरती है

फिर भी मुझको हिचकी आती
उसका ही नाम मैं लेता हूँ
अपनी सुनहरी यादों को
उसके ही नाम कर देता हूँ

14. फूलों सी सूरत

हाय वो फूलों सी सूरत
उसपर यह होठ गुलाबी
तुझसे ही है यह चाँदनी
तेरा चेहरा माहताबी

दिल की धड़कन बढ़ जाती
देखकर हिरनी जैसी चाल
पहुँचाते हैं दिल को ठंडक
घने वृक्ष जैसे तेरे बाल

तेरे मुख से निकला हर शब्द
मुझे लगता है कविता सा
सादगी से पुता चेहरा
लगे नादान बच्चा सा

मगर तेरे इस दिल में उफ्फ
कैसा है कपट और धोखा
यही तो सोच कर मैंने
खुद को है मिटने से रोका

प्रियतम तुम ना आए

सूरत जैसा ही दिल होता
तू एक अप्सरा कहलाती
मगर तुझको तो बेवफा
कहने में भी शर्म आती

छोड़ से खेलना दिल से
वरना बहुत पछताएगी
टूटेगा यह दिल तेरा भी
मगर आवाज़ न आएगी

15. अरमानों का खून

छाया अज़ब सा जूनून
लुट गया दिल का शुकूं
जब से वो करने लगा
मेरे अरमानों का खून

दिल ने जिसे अपना कहा
वो भी अब अपना न रहा
यूँ नहीं था कम यह सितम
फिर भी दिल ने इसे भी सहा

उसने ही कैसा धोखा दिया
जिससे कभी प्रेम हमने किया
अब वह भी तन्हा रह गयी
मैंने भी तो तन्हा ही जिया

टूटी कसमें टूटा वायदा
प्रेम का है कौन सा कायदा
चाहत कुछ भी न दे सकी
नफरत से मुझको हुआ फायदा

हो गया आज़ाद यह दिल
जिसके बिन था जीना मुश्किल
मेरी मंजिल और कहीं है
वो नहीं था मेरे काबिल

मैंने उससे उल्फत क्या किया
खुद को कहीं और भटका दिया
उसकी ठोकरों ने मुझे राह दी
उस शख्स का हर बार शुक्रिया

16. इक कविता तुझपर

इक कविता तुझपर लिखूं तू इतनी खुश हो जाए
बाहों में मुझको भरकर तू अपनी ख़ुशी जताए

काश गर कहीं ऐसा हो तो जाने क्या हो जाए
मेरा यह दिल-दीवाना भी तुझमे कहीं खो जाए

मेरे होठों को चूमकर तू फिर धीरे से शरमाए
इतनी तारीफ़ करूँ तेरी तू मुस्कुराती ही जाए

मेरा दिल धड़के तुझमे तेरी धड़कन बढ़ जाए
मुझको इतना चाहे तू और मुझसे ही घबराये

मेरे जीवन का हर पल तुझपर फना हो जाए
इतना प्रेम किया हो जिसने आकर मुझे बताये

17. मेरे पास आ जाना

जब तन्हाई में जीना दुश्वार हो जाए
शुकूं के लिए दिल बेक़रार हो जाए
सबको छोड़कर तुम मेरे पास आ जाना
जब अपनों से तुम्हारी तकरार हो जाए

जब दिल तुम्हारा रोने को मजबूर हो जाए
कोई दर्द जो तुम्हारा नासूर हो जाए
सबको छोड़कर तुम मेरे पास आ जाना
जब हर कोई तुमसे थोड़ा दूर हो जाए

जब तुम्हारे दिल में कभी भी उदासी हो
तुम्हारी आँख सोने के लिए प्यासी हो
सबको छोड़कर तुम मेरे पास आ जाना
जब तुम्हारे पास न कोई राह बाकी हो

जब किसी भी बात से तुमको डर लगे
या फिर तुम्हें कोई मुश्किल डगर लगे
सबको छोड़कर तुम मेरे पास आ जाना
जब खतरों से भरा तुमको सफ़र लगे

डॉ० अम्बरीश कुमार श्रीवास्तव

जब भी तुम्हें कोई ख़ुशी जतानी हो
दिल की बात तुम्हें किसी को बतानी हो
सबको छोड़कर तुम मेरे पास आ जाना
जब भी तुम्हारे दिल में कोई कहानी हो

18. तेरी यादें

इस उम्मीद के सहारे दिन गुजरता है
कि अभी रात होगी
मुलाकात होगी
सपनों में ही सही तुझसे बात होगी
पर कमबख्त
जब रात आती है
अपने संग सिर्फ बेचैनी ही लाती है
फिर आती है
वही रात
वही दिन
काटे नहीं कटता इक पल भी तेरे बिन
पर जिंदगी
बिन रुके
धीरे-धीरे ही सही
हर एक पल को जोड़कर बढती जा रही
पता नहीं
मुझे जिंदगी
कहाँ ले जाए
मुझे तो बस दो ही चीज याद आए
अपने वे इरादें
या फिर तेरी यादें
तेरी यादें!

19. अम्बर-वसुंधरा मिलन

अम्बर देव ने अपना विकराल रूप दर्शाया
पर्वत सागर समस्त उनकी भुजाओं में समाया

वसुंधरा देवी का अब अभिमान ठहर न पाया
देखा जब पराक्रम अम्बर का उसने शीश झुकाया

अम्बर ने तब वसुंधरा को प्रेम से गले लगाया
वसुंधरा हो गयी धन्य स्पर्श जब उनका पाया

अम्बर देव और वसुंधरा ने मिलकर ब्याह रचाया
स्वयंवर देखकर जिनका देवलोक हर्षाया

देवराज ने दी बधाई नीर खूब बर्षाकर
पवन देव ने ख़ुशी जताई मंगल नृत्य दिखाकर

शुभकामना सूर्य ने दी दिव्य प्रकाश फैलाकर
चारो दिशाएं झूम सी उठी मंगल गायन गाकर

अर्धरात्रि पश्चात् सुहाग का मंगल अवसर आया
देखकर ऐसा महामिलन कामदेव शरमाया

20. नज़रों से मय

नज़रों से मय छलकाती है
अधरों से क्यूँ न पिलाती है
घनघोर घटा सी ये जुल्फें
फिर तू क्यूँ शर्माती है

देखकर तेरा यह यौवन
रूप का फिर ऐसा दर्पण
इसमें इसकी कुछ खता नहीं
बहक जाए जो मेरा मन

शर्माकर जब तू चलती है
दिल की धड़कन बढती है
खुशबू भरी तेरी साँसों से
चाहत की आग मचलती है

हम यह सुनकर हैरान हुए
राख यह सब अरमान हुए
तेरे संग चलने भर को
कितने आशिक कुर्बान हुए

21. डर जाता हूँ

यह सोच कर मैं डर जाता हूँ
क्या होगा गर दिल टूट गया
दुनियाँ से नाता टूटा ही है
तेरा संग भी गर छूट गया..

तू संग है फिर क्या मुझको ग़म
तेरे खातिर मैं जी लूँगा
तू कह दे बस इक बार सनम
मैं घूँट ज़हर के पी लूँगा

मैं न जी सकूँगा तेरे बिन
तू ही गर मुझसे रूठ गया..

तू ही मेरा सब कुछ है इक
तेरे सिवा मेरा कुछ न रहा
तुझको पाने को ही सनम
मैंने कितना ग़म है सहा

मैं कैसे कहूँगा कि मुझको
कोई अपना ही लूट गया..

22. मेरा हाले दिल

न मुझसे मेरा हाले दिल सुनो
आकर यह दिल खुद देख लो..

टूटा हुआ आशियाँ हो गया है
सूना सा दिल का जहाँ हो गया है
धरती करे भी तो कैसे शिकायत
कि बेवफा आसमां हो गया है
कैसे कहूँ मैं अब तुम ही कहो..

जब तक मैं अपने दिल को सम्भालूँ
तरकीब जीने की कोई निकालूँ
तुम मुझको दे दो थोड़ा सहारा
शायद मैं कोई नयी राह पा लूँ
तब तक तुम मेरे दिल में रहो..

यह दिल दुआ देगा तुमको हमेशा
तुमने किया है जो मुझसे धोखा
तुमसे करे न कोई बेवफाई
तुमको मिले वफ़ा का ही तोहफा
सबके दिलों पर तुम राज करो..

23. बरसात थम जा

ये बरसात थम जा, ठहर जा, ज़रा सा
तुझे देखकर आज मैं भी रो दूँगा..

माना जुदाई का ग़म भी बड़ा है
जहाँ भी तेरे रास्ते में खड़ा है
तू दीदार तो कर सकता है फिर भी
मेरा हमसफ़र तो इक बेवफा है

मैं दीदार की ख्वाहिश किससे करूँगा..

अश्कों को न यूँ बर्बाद कर तू
थोड़ा सा खुद को फौलाद कर तू
क्या कर सकेगा फिर यह ज़माना
मोहब्बत को अपने आबाद कर तू

उस दिन जहाँ पर मैं खूब हसूँगा..

24. जिंदगी-मौत

आरजुए मौत में जीते रहें हैं
आज जीने की आरज़ू जगी है
तेरा दामन है मेरे हाथों में
कमबख्त मौत चौखट पर खड़ी है

मौत से अपनी साँसे छीन लेता
गर मैंने खुद न इसे दी होती
आज मंज़र कुछ और ही होता
तुम जो पहले आ गयी होती

शुकूं से जी नहीं पाया तो क्या
शुकूं की मौत तो नसीब हुई
यह किसी ज़िन्दगी से कम तो नहीं
जो मेरे इतने तुम करीब हुई

खुदा से मैं करूँगा इल्तजा यह
मुझे कुछ और जिंदगी दे दे
साँस को थोड़ी सी मोहलत दे दे
थोड़ी जीने की आरज़ू दे दे

कैसे यकीन करूँ मैं खुद पर
तकदीर यह क्या रंग लायी है
जिसे मैं मौत समझता रहा हूँ
वो 'जिंदगी' को संग लायी है

25. पवन तेरे बालों

पवन तेरे बालों से खेले
दुपट्टा हौले से सरके
कभी साँसें मेरी उखड़े
कभी दिल जोर से धड़के

आज क्या शाम है आई
बहारों ने ली अंगड़ाई
घटाओं ने भी आ घेरा
जो तेरी ज़ुल्फ़ लहराई

जल में भी लगती तू ज्वाला
तू ही है सच्ची मधुशाला
पिला कर होठों से यह मय
बना दे मुझको मतवाला

26. ऋतु वर्षा

आ गयी यह ऋतु वर्षा
मन का मयूर नाच उठा

वसुधा की प्यास जगी
पवन थोड़ी थमी रुकी
चहुँ ओर उमस जगी

मेघो से मेघनाद उठा..

कड़कती बिजली चमकी
टप टप टप बूँद टपकी
फिर वो रोके न रुकी

वातावरण जलमय हो उठा..

चारो दिशाएं भीग गयीं
वसुधा की प्यास बुझी
भीनी भीनी खुशबू उड़ी

जब इन्द्रधनुष जाग उठा..

27. किसके लिए

जिंदगी गैरों के लिए सँवरने लगी
आज गर जियूं भी मैं तो किसके लिए

उम्मीदें टूट कर अब बिखरने लगी
आज गर जियूं भी मैं तो किसके लिए..

पहली बार माँगा अपने लिए कुछ खुदा से
वो ख्वाहिश भी मेरी पूरी न हुई..

कैसे मैं कह दूँ कि तू बेवफा है
बेवफाई भी तो तूने न की..

जाए जहाँ भी खुश रहे तू हमेशा
दे दे यह दुनियाँ मुझे रुखसती..

28. प्रेमुक्तक

इतनी हसीं मौत किसको मिलेगी
तेरा यह आँचल कफ़न मेरा होगा
अपने हाथों से दफनाना मुझको
बस तनिक सा भी ग़म न होगा

✿✿✿

खंजर पकड़ना तो सीखो पहले
फिर शौक से तुम दिल पर चलाना
गर मैं बच गया तो पछताओगी तुम
ज़रा प्यार से ही निशाना लगाना

✿✿✿

बाँहों की ज़ंजीर में बाँध तुझको
दिल की हवालात में कैद कर दूँ
हर जन्म में तू मेरी ही रहे बस
अपने लहू से तेरी माँग भर दूँ

29. ज़ख्म को हवा

ज़ख्म को हवा न दो
आग दहक जाएगी
मेरी नादान जिन्दगी
राह भटक जाएगी..

बमुश्किल होश में आया हूँ यारों
अभी तक मेरे कदम बहके थे
अब मंजिल ही बहक जाएगी..

कल तक पतझड़ों का मौसम था
आज जब बहार आ ही गयी
मेरी बगिया भी महक जाएगी..

मेरी आँखों में इक प्यासी नदी है
जब कभी लौट कर तुम आओगे
अश्रु बनकर यह छलक जाएगी..

30. आखिरी लफ्ज़

यादों की महफ़िल को
रोशन करते वो पल
जो तेरे साथ बीते थे
तेरा काँधे पर सर रखना
नर्म-नर्म हथेलियों से
मुँह छुपा लेना
शरमाकर कभी-कभी नज़रें झुका लेना
खुश होकर कभी मेरे आगोश में आना
रूठ कर कभी चेहरा न दिखाना
बिछड़ने के डर से कभी रोने लगना
याद करते-करते सारी रात जगना
घबराकर कभी मुझसे तेरा लिपट जाना
कभी वक़्त से पहले कभी देर से आना
कभी रूठना मुझसे कभी मुझको मनाना
“इन पलों का तोहफा सहेज कर रखना”
तुम्हारे आखिरी ये लफ्ज़
अब तक याद हैं मुझको

31. कतरा-कतरा मुझे

कतरा-कतरा मुझे पिलाओ न
किश्तों-किश्तों में जिंदगी न दो
कोई मयखाना लेकर आओ ज़रा
मेरी यह प्यास बुझा ही दो

मुझको तन्हाई न जीने देगी
गर तू जी भर कर न पीने देगी
जीकर भी जिंदा भी न रह पाऊंगा
दर्दे दिल कैसे मैं सह पाऊंगा

कह दो इक बार कि तुम मेरी हो
मुझको यह आखिरी ख़ुशी दे दो..

आँखों से मेरी अश्क बरसेंगे
तुझसे मिलने को रोज तरसेंगे
मेरे दिल को जो तुम न सहलाओ
दिल दुखाने को ही चली आओ

मुझे न जिंदगी दे पाओ तो
अपने हाथों से मौत ही दे दो,,

32. आ जा

आ जा अब तो शाम भी ढलने को आई
दिल ने कहा आवाज साँसों ने लगायी

लम्हा मिलन का जो करीब आने लगा है
कैसा नशा है मुझपर जो छाने लगा है
तूने हवा में अपनी खुशबू जो मिलायी..

हर इक कली जो थोड़ी सी खिलने लगी है
मदहोश भँवरों से गले मिलने लगी है
मुझसे लिपट कर रोती है मेरी तन्हाई..

यह पल तेरे दीदार को ठहरा हुआ है
तूने चुपके से जब मुझको छुआ है
साँसें भी मेरी एक पल को डगमगाई..

इन नर्म हाथों की छुअन का यह असर है
तुझको भी थोड़ा मुझको भी थोड़ा सा डर है
मैं मर मिटा जो हौले से तू मुस्कुराई..

होठ होठों से मिलन करने लगे हैं
इक दूजे को आगोश में भरने लगे हैं
धड़कने हैं धडकनों से जो टकराई..

साँसे तेरी जो तेजी से चलने लगी हैं
इक लौ बदन में मेरे मचलने लगी है
होठों से तूने आग यह कैसी पिलाई..

यादों में तेरे इस कदर खोया हुआ हूँ
आँखे जगी हैं और मैं सोया हुआ हूँ
ख्वाबों ने फिर से की मेरी रुसवाई..

33. तन्हा होता हूँ

हद से आगे गुजरने को
और बाँहों में भरने को
जी चाहे प्यार करने को

तब तेरी कमी सताती है
जब भी मैं तन्हा होता हूँ..

जैसे-जैसे यह शाम ढले
दिल में चाहत की आग जले
फिर अश्कों का दौर चले

जब याद तुम्हारी आती है
मैं छुप छुपकर रोता हूँ

वो मुलाकात अधूरी है
पर अब कितनी दूरी है
सब्र करो मजबूरी है

वो सपनों में बतलाती है
मैं सुनता हूँ और सोता हूँ..

34. आखिरी दिन

आज शायद हमारे प्रेम का
आखिरी दिन है
अपने वादों का तकरार का
आखिरी दिन है

हमने कोशिश की
महल
रेतों पर बनाने की
हर कड़ी जिसकी
एक दिन
बिखर जानी थी

किसी उजड़े हुए संसार का
आखिरी दिन है
शुकून के अब इंतजार का
आखिरी दिन है

35. कोई ग़म नहीं

हमसे यह दिल है दिल से हम नहीं
जाना है तो जा हमें कोई ग़म नहीं..

यूँ दिल के हाथों न मजबूर हूँ मैं
मंजिल से अपनी नहीं दूर हूँ मैं
मुझको पता है तुझे भी खबर है
कुछ दिनों का ही अपना सफ़र है

दुनियाँ करेगी क्या इसमें दम नहीं..
मगर सोच ले तू तेरा क्या होगा
गर राह में कोई दे तुझको धोखा
नहीं रह सकेगी तू जुदा मुझसे होकर
पुकारेगी मुझको ही तब तू रो रोकर

तेरा पास आ पाऊँगा मैं सनम नहीं..

36. दो कविताएँ

फूलों की तरह मुस्कुराती हुई
छुई-मुई सी शर्माती हुई
पक्षी की तरह चहचहाती हुई
रह रहकर फिर घबराती हुई

दिल में बस जाती है
जब तू याद आती है

दुआ करूँगा न कोई
मन्नत न मांगूंगा कोई
मुझको इतना है विश्वास
तू यहीं है मेरे आसपास

मेरी किस्मत में तू होगी
तो मुझको तू मिलेगी

37. तेरी ही बात आई

रात आई
इक रात आई

कुछ अनदेखे
सपनों की बारात आई..

सन्नाटे की आहट में
अँधेरों की करवट में

चाँद-सितारों की डोली
तेरे आँचल के साथ आई..

यादें भी पीछे न रहीं
आ सपनों के द्वार डटी

फिर तो
हर तरफ से
तेरी ही बात आई..

38. गुमसुम हवा

गुमसुम हवा
ये गुमसुम हवा

किसके लिए
बेचैन फिरती है बता

है तेरी आँखों में नमी
पास तेरे क्या कमी

धरा की गोद
नभ का
तुझे साया मिला..

क्या तेरी है मजबूरी
कर अपनी इच्छा पूरी

जिसको चाहे
अपने संग
ले जा उड़ा..

www.ingramcontent.com/pod-product-compliance
Lightning Source LLC
LaVergne TN
LVHW041549060526
838200LV00037B/1206
* 9 7 8 1 6 3 9 2 0 7 2 9 9 *